공룡아, 진실을 말해 줘!

캐슬린 퀴들린스키 글 | S. D. 쉰들러 그림 | 이재윤 옮김

나는별

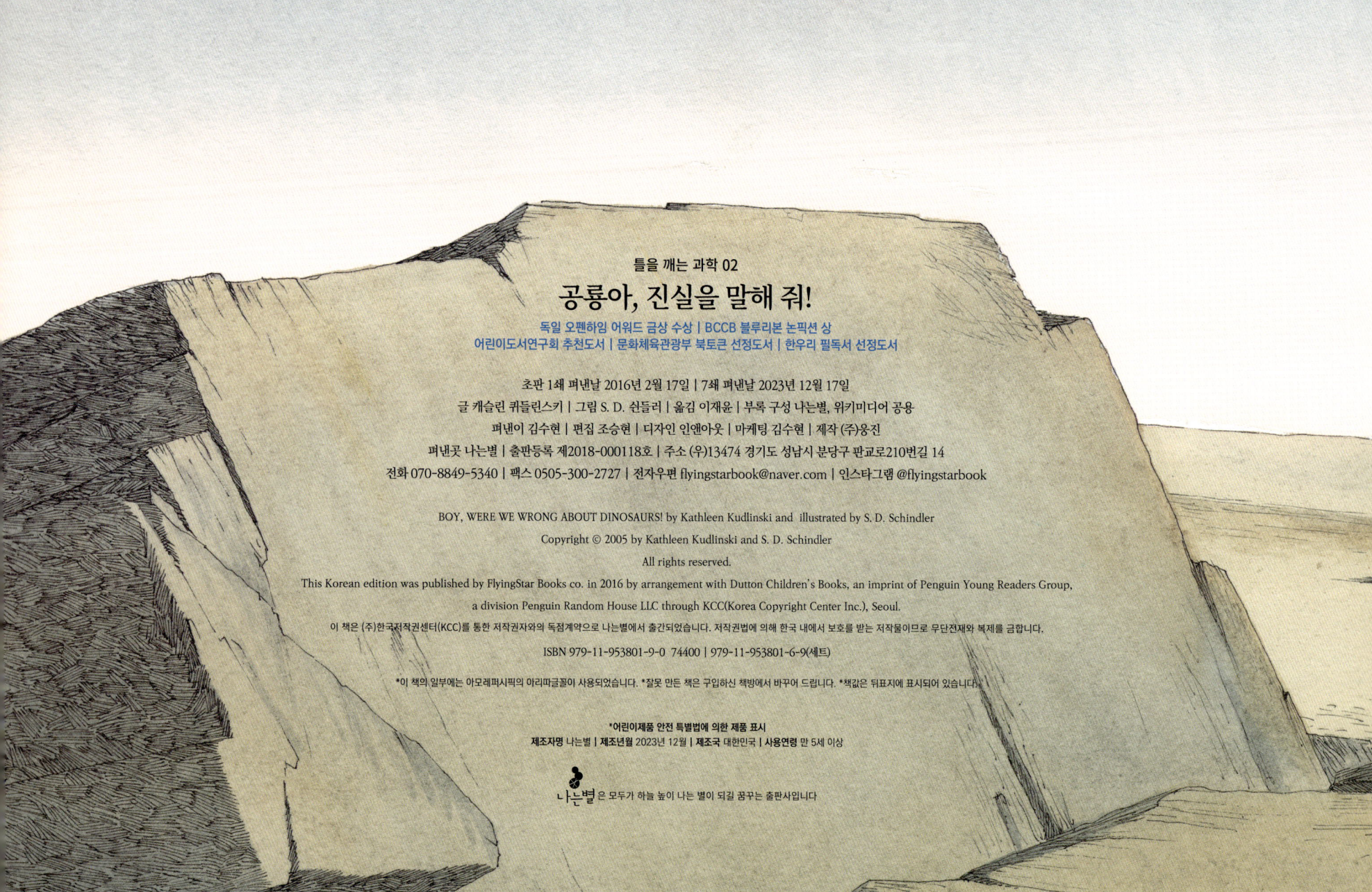

틀을 깨는 과학 02

공룡아, 진실을 말해 줘!

독일 오펜하임 어워드 금상 수상 | BCCB 블루리본 논픽션 상
어린이도서연구회 추천도서 | 문화체육관광부 북토큰 선정도서 | 한우리 필독서 선정도서

초판 1쇄 펴낸날 2016년 2월 17일 | 7쇄 펴낸날 2023년 12월 17일
글 캐슬린 퀴들린스키 | 그림 S. D. 쉰들러 | 옮김 이재윤 | 부록 구성 나는별, 위키미디어 공용
펴낸이 김수현 | 편집 조승현 | 디자인 인앤아웃 | 마케팅 김수현 | 제작 (주)웅진
펴낸곳 나는별 | 출판등록 제2018-000118호 | 주소 (우)13474 경기도 성남시 분당구 판교로210번길 14
전화 070-8849-5340 | 팩스 0505-300-2727 | 전자우편 flyingstarbook@naver.com | 인스타그램 @flyingstarbook

BOY, WERE WE WRONG ABOUT DINOSAURS! by Kathleen Kudlinski and illustrated by S.D. Schindler

Copyright © 2005 by Kathleen Kudlinski and S. D. Schindler

All rights reserved.

This Korean edition was published by FlyingStar Books co. in 2016 by arrangement with Dutton Children's Books, an imprint of Penguin Young Readers Group, a division Penguin Random House LLC through KCC(Korea Copyright Center Inc.), Seoul.

이 책은 (주)한국저작권센터(KCC)를 통한 저작권자와의 독점계약으로 나는별에서 출간되었습니다. 저작권법에 의해 한국 내에서 보호를 받는 저작물이므로 무단전재와 복제를 금합니다.

ISBN 979-11-953801-9-0 74400 | 979-11-953801-6-9(세트)

*이 책의 일부에는 아모레퍼시픽의 아리따글꼴이 사용되었습니다. *잘못 만든 책은 구입하신 책방에서 바꾸어 드립니다. *책값은 뒤표지에 표시되어 있습니다.

*어린이제품 안전 특별법에 의한 제품 표시
제조자명 나는별 | 제조년월 2023년 12월 | 제조국 대한민국 | 사용연령 만 5세 이상

나는별은 모두가 하늘 높이 나는 별이 되길 꿈꾸는 출판사입니다

'토디 연못' 모임의 작가분들께 : 도 보일, 레슬리 블리온, 메리-켈리 부시, 레슬리 코너,
로레인 제이, 주디 테시, 낸시 앤틀 그리고 낸시 엘리자베스 월리스
-캐슬린 퀴들린스키-

옛날 옛적, 그러니까 지금으로부터 1700년 전쯤
중국에서 엄청나게 큰 뼈가 발견되었어요.
사람들은 어떤 동물의 뼈인지 무척 궁금했지요.

옛 중국 사람들은 그 뼈를 연구한 뒤, 그게 용의 뼈라고 결론을 내렸어요.
특히 뼈가 너무 커서 틀림없이 마법의 용일 거라고 생각했지요.
게다가 마법의 용이 아직 살아 있을지도 모른다고 믿었어요.
하지만 그들은 틀렸어요!

그 뼈는 공룡의 뼈였어요. 그때는 사람들이 공룡에 대해 전혀 몰랐기 때문에
엄청나게 큰 뼈를 보고 전설의 동물인 용을 떠올렸던 거예요.
물론 지금도 공룡이 어떻게 생겼는지 정확히 아는 사람은 아무도 없어요.
뼈 화석과 몇몇 단서만으로 공룡의 모습을 추측할 수밖에 없으니까요.
그래서 처음 공룡을 연구한 과학자들도 옛날 중국 사람들처럼 엉뚱한 추측을 했답니다.

1800년대 초반, 이구아노돈의 뼈 화석이 발견되었을 때예요.
뼈 화석 중에 코뿔소의 뿔처럼 생긴 게 하나 있었는데,
고생물학자 맨텔은 그 뼈를 이구아노돈의 코에 난 뿔이라고 생각했어요.
하지만 그는 틀렸어요!

1878년, 한 광산에서 이구아노돈의 뼈 화석이 거의 완벽하게 발견되었는데,
뾰족한 뼈는 하나가 아니라 두 개였어요.
그 뼈들은 이구아노돈의 코에 난 뿔이 아니라 앞발의 엄지발톱이었지요.
과학자들은 또 어떤 단서로 공룡에 대한 생각을 바로잡아 나갔을까요?

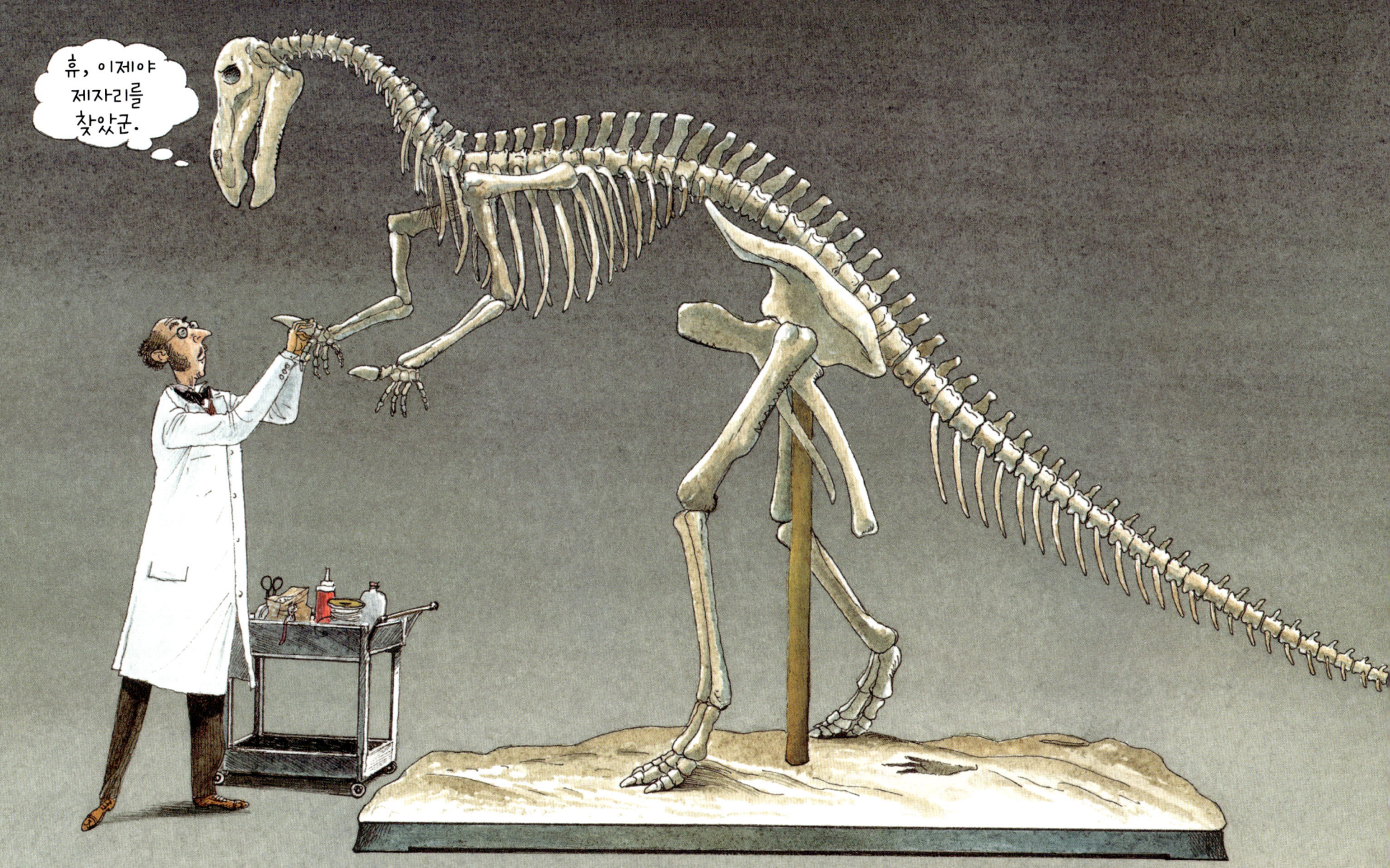

옛날 그림을 보면 공룡의 다리가 도마뱀 같은 파충류처럼 몸통 옆에 ㄱ자 모양으로 붙어 있어요. 과학자들은 공룡이 이런 다리로 어기적거리며 느릿느릿 기어 다니거나 물속에서 둥둥 떠다녔다고 추측했지요.
하지만 그들은 틀렸어요!

뼈 화석과 발자국 화석을 통해 공룡이 포유류처럼 걸어 다녔다는 게 밝혀졌어요.
공룡의 다리는 몸통 아래로 곧게 뻗어 있었어요. 말의 다리처럼요.
그래서 굼뜨지 않고 재빠르게 움직일 수 있었지요. 다리뼈의 크기와 모양으로 봤을 때,
어떤 공룡은 사슴처럼 빠르고 우아하게 움직였을 거라 짐작돼요.

또 옛날 책에서는 공룡이 긴 꼬리를 땅에 축 늘어뜨린 채 끌고 다녀요.
공룡이 도마뱀처럼 걷는다고 믿었기 때문에 꼬리를 땅에 끌고 다녔을 거라고 생각했겠지요.
과학자들은 공룡이 거대한 꼬리를 들 만큼 힘센 근육을 가졌다는 걸 상상도 못했어요.
하지만 그들은 틀렸어요!

지금까지 발견된 수천 개의 공룡 발자국 화석을 살펴본 결과,
공룡이 꼬리를 끌고 다닌 흔적은 전혀 없었어요.
공룡은 대부분 꼬리를 꼿꼿이 든 채 걸어 다닌 거예요.
또 화석을 통해 튼튼한 힘줄이 꼬리뼈를 감싸고 있다는 사실이 밝혀졌어요.
공룡은 튼튼한 힘줄로 무거운 꼬리를 곧게 뻗어 몸의 균형을 잡았던 거예요.
이 힘줄 덕분에 몸집이 거대한 아파토사우루스는 뒷다리로 선 채
나뭇잎을 뜯어 먹고, 티라노사우루스는 넘어지지 않고 두 다리로 걸어 다녔지요.

그동안 공룡은 도마뱀이나 뱀 같은 파충류와 많이 닮아서 변온 동물*로 여겨졌어요.
과학자들이 공룡의 뼈 화석에서 발견한 생장선도 변온 동물이라는 걸 말해 주는
증거였어요. 변온 동물은 계절에 따라 성장 속도가 달라서 식물의 나이테처럼
뼈에 생장선이 생기거든요.
그런데 요즘 과학자들은 다르게 생각해요!

* 변온 동물은 주위 온도에 따라 체온이 변해서 햇볕과 그늘을 오가며 체온을 유지해요.

항온 동물*인 포유류의 뼈에서도 생장선이 발견되었어요.
또 도마뱀의 뼈 속에는 혈관이 거의 없지만, 공룡의 뼈 속에는 혈관이 빽빽하게 차 있었어요.
다른 항온 동물처럼요. 또 몸속 기관들도 항온 동물과 닮은 점이 많았지요.
공룡이 밤낮으로 활발하게 움직였다는 것도 항온 동물이라는 증거예요.
그래서 어떤 과학자들은 공룡이 파충류보다는 새와 더 가까운 항온 동물이라고 생각하지요.
또 공룡이 변온 동물과 항온 동물의 중간쯤 된다고 생각하는 과학자도 있어요.
지난 50여 년 동안 많은 과학자들이 연구를 해 왔지만, 아직도 결론이 나지는 않았답니다.

* 항온 동물은 새나 코끼리처럼 주위 온도에 관계없이 체온을 항상 일정하고 따뜻하게 유지해요.

예전에는 모든 공룡의 피부가 파충류처럼 비늘로 덮여 있다고 생각했어요.
공룡의 피부 화석에서 비늘처럼 보이는 자국이 발견되었거든요.
그런데 1990년대부터 깃털 자국이 있는 공룡 화석이 많이 발견되고 있어요.
과연 공룡의 피부는 무엇으로 덮여 있었을까요?
비늘일까요? 아니면 깃털일까요?
그런데 요즘 과학자들은 이렇게 생각해요!

몸집이 큰 공룡은 온몸이 비늘로 덮여 있었어요.
코끼리처럼 몸집이 큰 동물은 체온을 천천히 빼앗기니까
몸집이 큰 공룡은 체온을 유지하기 위해 털이나 깃털이 필요하지는 않았을 거예요.

그런데 몸집이 작은 공룡은 몸에 솜털이나 깃털이 있었어요.
몸집이 작으면 체온을 쉽게 빼앗기기 때문에 솜털이나 깃털로 체온을 유지했을 거예요.
실제로 몸집이 작은 공룡 화석에서는 깃털 자국이 많이 발견되었지요.

그럼 공룡은 어떤 색깔이었을까요?
처음에는 공룡의 피부색이 코끼리처럼 회색일 거라 생각했어요.
하지만 회색은 수풀 속에서 적이나 사냥감의 눈에 쉽게 띄었을 거예요.
요즘 과학자들은 공룡의 피부색이 다양했을 거라 생각해요.
다른 동물들처럼 공룡도 몸을 숨기거나 자기 무리를 확인하고,
짝짓기를 하는 데 피부색을 이용했겠지요.
실제로 몇몇 공룡 화석의 머리뼈 모양이 새와 닮아서 공룡도 새처럼
색을 구분할 수 있고, 피부색을 다양하게 이용했을 거라 추측하지요.

도마뱀은 땅 위에 알을 낳은 뒤, 알을 돌보지 않고 그냥 떠나요.
물론 새끼도 전혀 돌보지 않지요. 그래서 한때 과학자들은 공룡도 도마뱀처럼
새끼를 돌보지 않았을 거라고 생각했어요.
하지만 그들은 틀렸어요!

과학자들이 미국 서부와 몽골 고비 사막에서 공룡 알과 둥지 화석을 발견했어요.
알에서 갓 깬 새끼들이 있는 둥지도 있고, 조금 큰 새끼들로 가득 찬 둥지도 있었어요.
그리고 어린 새끼들의 이빨은 거친 식물을 먹던 흔적도 있었어요.
그렇다면 어미 공룡이 둥지로 먹이를 가져다주었을까요?
아니면 새끼 공룡이 직접 둥지 밖으로 나가 먹이를 먹고 왔을까요?
과학자들은 알에서 깬 새끼 공룡들이 대부분 둥지에 남아
어미 공룡이 가져다주는 먹이를 먹으며 보살핌을 받았을 거라고 생각해요.

공룡의 둥지가 한 장소에서 무더기로 발견되기도 했어요.
해마다 그곳에 다른 종류의 공룡들도 둥지를 만든 것으로 보였지요.
아마 그곳은 새끼를 기르기에 안전한 장소였나 봐요.
그리고 공룡 발자국 화석을 보면 공룡이 무리를 지어 다니고,
새끼 공룡은 무리의 한가운데에서 보호를 받으며 걸어 다녔던 걸 알 수 있어요.
그러니까 어떤 공룡은 새끼를 소중히 돌보았던 거예요.

공룡은 중생대가 끝나는 6500만 년 전쯤에 멸종했어요. 그런데 공룡은 왜 멸종했을까요?
과학자들은 공룡이 멸종한 까닭을 100가지도 넘게 내놓고 있어요.
지구 곳곳에서 화산이 폭발해서, 지구가 너무 메마르거나 추워지거나 뜨거워져서,
또 전염병이 돌아서 공룡이 죽었을 거라고요.
그런데 많은 과학자들은 이렇게 생각해요!
거대한 운석이 지구와 충돌해 공룡이 멸종했다고요.
운석이 충돌할 때 지구에 큰 폭발이 일어나 지진과 해일, 화산 폭발 등을 일으켰고,
거대한 먼지 구름이 생겨 몇 년 동안 하늘을 뒤덮어 햇빛을 막고, 산성비가 내렸을 거라고요.

햇빛이 없으면 식물이 자랄 수 없고, 산성비는 식물과 동물을 병들게 해요. 만약 식물이 죽으면 식물을 먹고사는 초식 동물도 죽고, 초식 동물을 잡아먹는 육식 동물도 죽지요. 그래서 공룡도 멸종했다는 거예요. 과학자들은 중생대 백악기와 신생대 사이에 만들어진 지층에서 이리듐이 발견된 게 운석 충돌의 증거라고 해요. 이리듐은 지구에는 거의 없고, 우주에서 날아온 운석에서 많이 발견되는 물질이거든요. 그러니까 운석이 지구와 충돌했다는 증거인 셈이지요. 또한 중생대 백악기 이후에 만들어진 지층에서는 공룡 화석이 발견되지 않기 때문에 이때쯤 공룡이 멸종했다고 추측하는 거예요. 하지만 지금도 공룡이 멸종한 정확한 까닭은 알 수 없답니다.

신생대 제3기 지층

중생대 백악기 지층

이리듐 퇴적층

그런데 공룡이 멸종하지 않고 지금까지 살아 있다고 믿는 과학자들도 있어요.
그 과학자들의 주장에 따르면 지구 상에서 공룡이 멸종되기 전,
작은 공룡들 중 일부는 깃털 달린 공룡으로 조금씩 변해 갔어요.
깃털은 오랜 세월에 걸쳐 점점 길어졌고, 어느덧 하늘을 날게 되었어요.
결국 작은 공룡들이 점점 변해서 새가 된 거지요.
그리고 대부분의 공룡들이 멸종되는 동안, 이 새들 중 일부는 살아남았어요.
만약 이 주장이 맞다면, '새는 살아 있는 공룡'이라고 할 수 있겠지요.

지금도 옛날 사람들이 생각했던 대로 쓰인 공룡 책을 쉽게 볼 수 있어요.
하지만 과학자들이 끊임없이 새로운 단서를 찾아내고 있으니까 우리의 생각도 바뀌어야 해요.
언젠가는 공룡에 대한 지금의 생각도 옛날 중국 사람들 생각만큼이나 어리석어 보일 거예요.
어쩌면 여러분이 나중에 커서 어른이 되었을 때, 이렇게 말하는 과학자가 될 수도 있어요.
"얘들아, 너희가 틀렸어! 공룡에 관한 진실은 바로 이거란다."

공룡에 관한 진실

공룡(恐龍)은 '무서운 용'이라는 뜻을 가진 한자어예요. 영어로는 디노사우르(dinosaur)라고 하는데, 그리스어로 '무서운'이란 뜻의 디노스(deinos)와 '도마뱀'이란 뜻의 사우로스(sauros)가 합쳐진 말이에요. 공룡은 어떤 특징이 있고, 공룡 화석은 무엇인지 자세히 알아볼까요?

공룡은 어떤 동물일까요?

공룡은 아주 오래전에 지구에 살던 동물이에요. 지금까지 밝혀진 공룡의 특징을 알아보아요.

첫째, 공룡은 중생대에 살던 동물이에요.

중생대는 지금으로부터 약 2억 5100만 년 전부터 6500만 년 전까지 약 1억 8600만 년 정도의 기간을 말해요. 공룡은 중생대 트라이아스기 후기부터 백악기 후기까지 약 1억 6000만 년 동안 살았어요. 오랫동안 번성한 동물 중 하나예요. 또 공룡은 악어, 도마뱀, 거북처럼 알을 낳았지요.

마이아사우라의 알과 둥지를 복원한 모습

하나 더
중생대는 고생대와 신생대 사이의 시기로 트라이아스기, 쥐라기, 백악기로 다시 나뉘어요.

둘째, 공룡은 육지(땅)에서만 살던 육상 동물이에요.

공룡과 같은 시기에 익룡은 하늘에 살았고, 어룡과 수장룡 등은 바다에서 살았어요. 하지만 공룡은 땅 위에서 살던 육상 동물을 가리키기 때문에 이들은 공룡이 아니에요.

중생대에는 땅에는 공룡, 하늘에는 익룡, 바다에는 어룡과 수장룡이 살았어요.

익룡 / 어룡 / 수장룡

셋째, 공룡은 몸통 아래로 곧게 뻗은 다리를 가졌어요.

도마뱀이나 악어, 거북 같은 파충류는 다리가 몸통 옆에 ㄱ자 모양으로 붙어 있어 엉금엉금 기어 다녀요.
하지만 공룡은 다리가 몸 아래로 곧게 뻗어 있어요. 그래서 빨리 걸을 수 있고, 무거운 몸도 잘 떠받칠 수 있어요.

도마뱀

공룡

공룡은 어떤 종류가 있나요?

공룡은 생김새도 크기도 모두 다르지만, 엉덩이뼈의 생김새에 따라 크게 두 종류로 나눠요. 엉덩이뼈의 생김새가 도마뱀과 비슷하면 '용반목', 새와 비슷하면 '조반목'으로 나누지요.

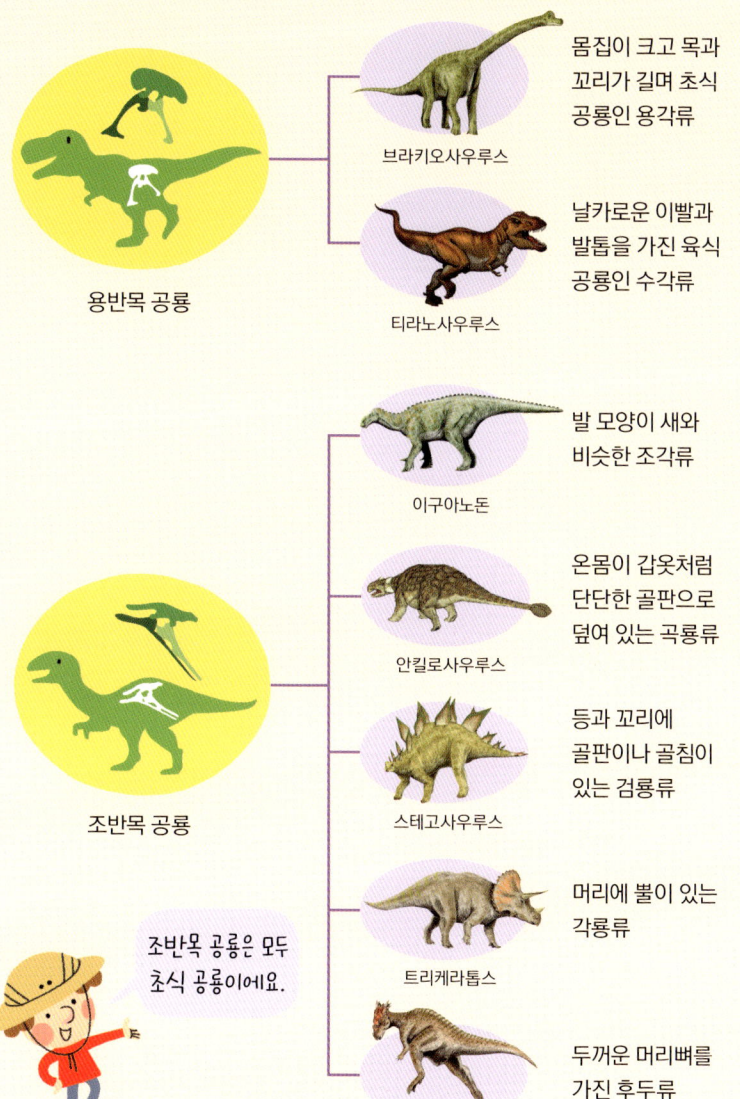

용반목 공룡

- 브라키오사우루스: 몸집이 크고 목과 꼬리가 길며 초식 공룡인 용각류
- 티라노사우루스: 날카로운 이빨과 발톱을 가진 육식 공룡인 수각류

조반목 공룡

- 이구아노돈: 발 모양이 새와 비슷한 조각류
- 안킬로사우루스: 온몸이 갑옷처럼 단단한 골판으로 덮여 있는 곡룡류
- 스테고사우루스: 등과 꼬리에 골판이나 골침이 있는 검룡류
- 트리케라톱스: 머리에 뿔이 있는 각룡류
- 드라코렉스: 두꺼운 머리뼈를 가진 후두류

조반목 공룡은 모두 초식 공룡이에요.

공룡은 무엇을 먹었나요?

공룡은 크게 초식 공룡과 육식 공룡으로 나눠요. 초식 공룡은 풀이나 나뭇잎 같은 식물을 먹고, 육식 공룡은 다른 공룡이나 동물을 잡아먹었지요. 또 드물지만 둘 다 먹는 잡식 공룡도 있었어요.

초식 공룡은 주위에 식물이 많아서 쉽게 먹이를 구할 수 있었어요. 키가 작은 공룡은 땅 위에 낮게 자란 식물을 뜯어 먹고, 목이 길고 몸집이 큰 용각류 공룡은 나무 꼭대기의 나뭇잎을 따 먹었지요.

그런데 용각류 공룡은 이빨이 먹이를 씹기 힘들게 나 있어서 각진 돌을 삼켜 먹이를 소화시켰어요. 이 돌을 '위석'이라고 하는데, 위 안에서 먹이와 돌을 부딪치게 해서 씹는 작용을 대신했어요.

육식 공룡은 발톱과 이빨로 먹이를 사냥했어요. 발톱으로 사냥감을 움켜쥐고, 이빨로 물면 사냥감이 빠져나갈 수 없었지요. 날카로운 이빨은 먹이를 찢기 쉬웠고, 튼튼한 턱은 뼈를 부서뜨릴 만큼 힘이 셌어요. 육식 공룡은 한 번 사냥을 하면 자기 몸무게의 4분의 1이나 되는 양을 먹어 치웠대요.

화석은 무엇일까요?

화석은 공룡처럼 아주 먼 옛날에 살았던 생물의 몸체나 그 흔적이 암석이나 지층 속에 남아 있는 걸 말해요.
동물의 뼈나 이빨, 뿔처럼 생물의 몸체 중 일부가 굳어서 화석이 되거나, 얼음 속에서 꽁꽁 언 채로 발견된 매머드나 호박 속에 갇힌 곤충처럼 몸 전체가 그대로 화석이 되기도 해요.

공룡 뼈 화석

거미가 들어 있는 호박 화석

또 동물의 발자국이나 기어간 자국, 이빨 자국, 똥, 알처럼 생활의 흔적이 남아 화석이 되거나 나뭇잎이나 조개처럼 주위에 있던 흙이나 돌에 모양이 찍혀 만들어진 화석도 있어요.

공룡 발자국 화석

원시 달팽이가 기어간 흔적 화석

공룡 알 화석

단풍나무 종류의 나뭇잎 화석

공룡은 어떻게 화석이 되었나요?

화석은 죽은 생물 위로 퇴적물이 계속 쌓이고, 단단히 굳어야 하기 때문에 굉장히 오랜 시간에 걸쳐 만들어져요. 또 모든 동식물이 화석이 되는 건 아니라서 죽은 뒤에 훼손되지 않도록 빨리 묻혀야 해요. 화석 중에는 뼈나 이빨, 껍데기처럼 단단한 것, 나뭇잎처럼 그 특징이 그대로 간직된 것도 있어요.

❶ 공룡이 죽어서 바로 땅속에 묻히거나 물속에 가라앉아요.

❷ 공룡의 살은 썩고 단단한 뼈만 남아요. 뼈 위에 퇴적물이 쌓여요.

❸ 오랜 시간 동안 퇴적물이 계속 쌓여 지층을 이루고, 공룡의 뼈도 돌처럼 단단해져서 화석으로 변해요.

❹ 화석이 있는 지층이 큰 힘을 받아 위로 올라오고, 풍화나 침식 작용으로 지층이 깎이면서 화석이 드러나요.

공룡이 진흙처럼 물렁한 땅을 밟고 지나가면 그 위에 발자국이 남는데, 그 땅이 단단히 굳으면 발자국 화석이 생겨요.

왜 화석을 연구할까요?

과학자들은 화석을 통해, 옛날에 살았던 생물의 모양과 특징, 그 생물이 살았던 장소와 그 지역의 환경을 짐작해요.

- **공룡 뼈 화석** — 공룡의 생김새와 생활 습성을 짐작할 수 있어요.
- **공룡 알 화석과 둥지 화석** — 공룡이 알을 낳고 새끼를 기르는 방법과 자라는 과정을 짐작할 수 있어요.
- **공룡 똥 화석** — 공룡이 좋아하는 먹이나 먹는 방법, 공룡이 살았던 때의 환경 등을 짐작할 수 있어요.
- **공룡 발자국 화석** — 공룡의 걷는 자세와 걸음걸이, 걷는 속도와 같은 행동 습성과 서식지를 짐작할 수 있어요.

산호나 고사리처럼 특별한 환경에서만 살아서 과거에 그 지역의 기후나 환경이 어떠했는지 구체적으로 아는 데에 도움이 되는 화석도 있어요. 이런 화석을 '시상화석'이라고 해요.

예를 들어 산호는 따뜻하고 얕고 잔잔한 바다에서만 살기 때문에 산호 화석이 발견된 곳은 옛날에 따뜻하고 얕은 바다였다는 걸 알 수 있어요. 또 고사리 화석이 발견된 곳은 따뜻하고 습한 지역이었다는 걸 알 수 있고요.

산호 화석

원시 고사리 화석

화석은 기후나 환경만 알려 주는 게 아니에요. 지층이 만들어진 때와 순서를 알려 주기도 해요. 생물은 대부분 과거 어느 때에 나타나 일정 기간 동안 살다가 사라져요. 그래서 각각의 시대에는 그 시대에만 살았던 대표 생물이 있지요. 이런 대표 생물의 화석을 '표준 화석'이라고 해요.

표준 화석의 나이를 알면 표준 화석이 묻혀 있는 지층이 만들어진 때를 알 수 있지요. 예를 들어 공룡 화석이 발견된 지층은 중생대에 만들어졌다는 걸 알 수 있어요. 대표적인 표준 화석에는 고생대의 삼엽충, 중생대의 공룡과 암모나이트, 신생대의 매머드 등이 있어요.

삼엽충 화석　　암모나이트 화석　　매머드 화석

하나 더

지구에 지층이 만들어졌던 때부터 인류가 나타난 약 1만 년 전까지를 '지질 시대'라고 해요. 지질 시대는 크게 선캄브리아누대, 고생대, 중생대, 신생대로 나누어요.

신생대	제4기 / 신제3기 / 고제3기	약 6500만 년 ~1만 년 전
중생대	백악기 / 쥐라기 / 트라이아스기	약 2억 5100만 년 ~6500만 년 전
고생대	페름기 / 석탄기 / 데본기 / 실루리아기 / 오르도비스기 / 캄브리아기	약 5억 4200만 년 ~2억 5100만 년 전
선캄브리아누대	원생대 / 시생대	약 46억 년 ~5억 4200만 년 전

공룡 연구의 역사

1822년 .... 영국의 고생물학자 맨텔이 공룡의 이빨 화석을 발견하며 공룡 연구가 본격적으로 시작되다.

1825년 .... 맨텔이 자신이 연구하던 화석이 이구아나의 이빨과 비슷하다며 '이구아노돈'이라 이름 짓다.

1842년 .... 영국의 해부학자이자 고생물학자 오언이 그 당시 많이 발견되던 화석 생물을 부르기 위해 무시무시한 도마뱀이라는 뜻을 가진 '공룡'이라는 새로운 용어를 만들다.

1868년 .... 영국의 자연과학자 헉슬리가 '새는 공룡의 후손'이라고 주장하다.

1923년 .... 미국의 박물학자이자 탐험가 앤드루스가 몽골 고비 사막에서 공룡 알 화석을 발견하다.
이 발견으로 공룡이 알을 낳았다는 사실이 밝혀지다.

1964년 .... 미국의 고생물학자 오스트롬이 데이노니쿠스의 화석을 발견한 뒤, 공룡은 항온 동물이라고 주장하다.

1968년 .... 오스트롬의 제자인 바커가 공룡은 꼬리를 끌지 않고 꼿꼿이 치켜들었다고 주장하다.
이후 공룡을 표현한 그림 속에서 공룡들이 모두 꼬리를 들고 있는 형태로 바뀌다.

1973년 .... 오스트롬이 데이노니쿠스와 새의 골격이 아주 비슷하다는 사실을 밝혀내고, 새는 공룡으로부터 진화했다고 다시 주장하다.

1970년대 후반 .... 미국의 지질학자 앨버레즈가 약 6500만 년 된 지층에서 이리듐이 포함된 얇은 점토층을 발견하다.
이리듐의 발견은 거대한 운석이 지구와 출동하여 공룡이 멸종했다는 '운석 충돌설'의 바탕이 되다.

1978년 .... 미국의 고생물학자 호너가 마이아사우라의 둥지와 새끼 공룡 화석을 발견하고, 공룡이 새끼를 돌보았다고 주장하다.

1996년 .... 중국 랴오닝 성에서 깃털 달린 공룡 화석이 잇달아 발견되다.

2009년 .... 중국에서 약 1억 5천만 년 전에 살았을 것으로 추정되는 깃털 달린 공룡의 화석이 발견되다.
이 화석 깃털에 남아 있는 색소를 연구해 공룡의 몸 색깔을 추정하다.

2015년 .... 중국에서 지금까지 발견된 날개 달린 공룡 중 가장 큰 공룡 화석이 발견되다.

공룡에 대한 자료를 얻을 수 있는 인터넷 사이트

고성 사이버 공룡 테마파크 http://www.dinopark.net
해남 공룡 박물관 http://www.uhangridinopia.haenam.go.kr
전남대학교 한국공룡연구센터 http://www.dinorc.co.kr

캐슬린 퀴들린스키 글

미국 메인주립대학교에서 예술과 생물학을 공부한 뒤, 과학 교사가 되어 아이들을 가르쳤습니다. 지금까지 과학, 전기, 역사 소설을 포함하여 어린이책을 40권 넘게 썼습니다. 이 책 〈공룡아, 진실을 말해 줘!〉로 독일 오펜하임 어워드 금상과 BCCB 블루리본 논픽션 상을 받았고, 다른 책들로 NSTA와 NTSS 상을 받았을 뿐만 아니라 많은 북클럽의 추천 도서에 선정되었습니다. 지금은 미국 코네티컷과 버몬트에 살면서 글을 쓰고 있습니다. 새를 관찰하고, 동물을 그리고, 빨간 에이티브이(ATV)를 타고 자연을 산책하며, 글쓰기를 가르치고, 인터넷으로 어린이들과 화상 통화를 하며 바쁜 하루하루를 보내고 있답니다.

＊인터넷 사이트 http://www.kathleenkudlinski.com

S. D. 쉰들러 그림

미국 펜실베이니아대학교에서 생물학을 공부한 뒤, 그림책에 그림을 그렸습니다. 다양한 그림 스타일로 유명하며 다재다능하여 인기 있는 일러스트레이터입니다. 그린 책으로는 1997년에 뉴욕 시립 도서관의 '올해 최고의 책'으로 선정되고, 2002년 오르비스 픽투스 어린이 논픽션 상을 받은 〈대구 이야기 : 세계 역사를 바꾼 물고기〉와 2006년 뉴베리 아너상을 받은 〈위대한 모험가 위팅턴〉을 비롯하여 〈뭐든지 재는 할아버지〉, 〈날고양이들〉, 〈소금 세계사를 바꾸다〉, 〈해골이 딸꾹〉, 〈스노우볼 가족〉 등이 있습니다. 지금은 미국 펜실베이니아 주 필라델피아에서 가족과 함께 살며 그림을 그리고 있답니다.

＊인터넷 사이트 http://www.sdschindlerbooks.com

이재윤 옮김

대학을 졸업하고 출판사에서 어린이책을 만들었습니다. 지금은 어린이들이 쉽고 재미있게 읽을 수 있는 책을 기획하고 쓰고 있습니다. '웅진 과학 탐험', '집요한 과학씨', '야무진 과학씨' 시리즈를 기획했고, 지은 책으로는 〈공기를 타고 달리는 소리〉, 〈불 박물관〉, 〈자연과 만나는 우리 한옥 이야기〉 등이 있으며, 옮긴 책으로는 〈자동차 여행을 떠나자〉, 〈느림보 로리스〉와 이 시리즈의 〈날씨야, 진실을 말해 줘!〉, 〈태양계야, 진실을 말해 줘!〉, 〈인체야, 진실을 말해 줘!〉가 있습니다.